Bei den Fernglas-Symbolen im Buch bekommst du Tipps, wie du auf Eichhörnchensuche gehen kannst. So findest du diese Wildtiere auch in der Stadt.

Dieses Logo bietet Erstlesern, leseschwachen Kindern und Lehrern und Lehrerinnen online eine zusätzliche Hilfe zu diesem Buch.

Verwenden Sie dafür den Code auf **www.coronalesen.de**

54851

Wildtiere in der Stadt

Eichhörnchen

Isabel Thomas

Ars Scribendi

Originaltitel: Squirrel, City Safari © 2014 Capstone Global Library Ltd.

Übersetzung: Ann-Catrin Windler, BVK Buch Verlag Kempen GmbH
DTP deutsche Ausgabe: Freek Kuijstermans
Produktion Capstone Global Library: Dan Nunn, Rebecca Rissman, Helen Cox Cannons, Tim Bond, Mica Brancic und Helen McCreath
Gedruckt in China

ISBN 978-94-6175-485-1

Kontaktieren Sie lektorat@coronalesen.de oder besuchen Sie: **www.arsscribendi.com/de**. Fragen zu den Veröffentlichungen von Ars Scribendi richten Sie bitte an den Herausgeber. Der Herausgeber übernimmt keine Verantwortung für Fehler oder Missverständnisse.

Rechenschaftspflicht
Der Herausgeber dankt den folgenden Personen und Organisationen für die Erlaubnis, ihr Material in dieser Publikation zu verwenden und zu reproduzieren: © Alamy: 11 Dizzy, 14 David Mabe, 18 Thom Moore, 19 Richard Newton, 23a Dizzy, 23d Richard Newton, 23e Thom Moore; © FLPA: 9 David Tipling, 13 Bill Coster, 15 Erica Olsen, 17 und 23f Wayne Hutchinson, 21 Maslowski's; © Getty Images: 4 Tim Graham; © Naturepl.com: 6 Rahmen Bruno D'Amicis, 6 und 7 Warwick Sloss, 10 und 23b Doug Wechsler, 16 Rolf Nussbaumer, 20 Andrew Cooper; © Shutterstock: Vorderseitenbild Photomika-com, 5 ivvv1975, 6 Tom Reichner, 8 Yannick FEL, 12 und Rückseitenbild Paul Orr, 23c James Ac, 23g S.Cooper Digital.

Mehr Informationen über unser Programm finden Sie auf **www.arsscribendi.com/de**.
Bestellen können Sie über unsere Webseite oder über den (Online-)Buchhandel.

Autorin: *Isabel Thomas* hat mehr als 50 Kinder- und Jugendbücher geschrieben.

Fachberatung: *Michael Bright* weiß viel über Tiere. In der ganzen Welt dreht er Naturfilme für das britische Fernsehen.

Achtung!

Fasse niemals wilde Tiere oder deren Zuhause an. Manche Tiere haben Krankheiten. Ängstliche Tiere könnten dich beißen oder kratzen. Halte einem Eichhörnchen kein Futter hin. Es könnte aus Versehen in deinen Finger beißen.

Zum Entdecker-Symbol:

Deine Augen, Ohren und deine Nase können dir verraten, ob ein Eichhörnchen in der Nähe ist.
Halte beim Lesen nach diesem Symbol Ausschau und sieh dir Seite 22 an!

Inhalt

Manche Wörter sind **fett gedruckt**.
Im Bilder-Lexikon findest du heraus, was sie bedeuten.

Wer stiehlt da etwas vom Picknick?

Graues oder rotes Fell. Kurze Vorderbeine. Ein buschiger Schwanz. Das ist ein Eichhörnchen!

In der Stadt leben nicht nur Haustiere. Auch frei lebende Tiere haben dort ihr Zuhause.

Viele Eichhörnchen sind in Städten zu Hause.

Leben sie auch bei dir in der Nähe? Gehe auf Spurensuche in deiner Stadt!

Warum leben Eichhörnchen in der Stadt?

Land-Eichhörnchen leben in Wäldern mit vielen großen Bäumen.

In der kalten Jahreszeit kann es schwierig für sie werden, Nahrung zu finden.

In Städten ist es wärmer als auf dem Land. Außerdem gibt es dort weniger **Fressfeinde**.

In Parks und Gärten finden Eichhörnchen genug zu fressen und viele Bäume für ihr Nest.

Wie leben Eichhörnchen in der Stadt?

Graue Eichhörnchen haben keine Angst vor Menschen. Rote Eichhörnchen sind eher scheu.

Wenn sie Gefahr spüren, klettern sie schnell in Sicherheit.

Eichhörnchen können sehr gut klettern und weit springen.

Mit ihren Krallen halten sie sich gut fest.
Ihr buschiger Schwanz hilft ihnen, beim Springen in eine bestimmte Richtung zu steuern.

Wo schlafen Eichhörnchen?

Die meiste Zeit verbringen Eichhörnchen auf Bäumen.

Aus Blättern und Zweigen bauen sie sich ein rundes Nest. Man nennt es **Kobel**.

Manchmal bauen sie sich auch Höhlen an warmen Orten, zum Beispiel in hohlen Baumstämmen oder auf Dachböden.

Dort können sie sicher schlafen.

Was fressen Eichhörnchen?

Eichhörnchen benutzen Augen und Nase, um auf dem Boden etwas zu fressen zu finden.

Ihre scharfen Schneidezähne können Nüsse knacken. Sie knabbern auch gern an Zweigen und Tannenzapfen.

Eichhörnchen mögen auch Früchte, Samen, **Knospen**, Insekten, Vogeleier und Pilze.

Sie merken sich, wo man leckeres Futter findet, und besuchen diese Orte jeden Tag.

Warum leben Eichhörnchen gern beim Menschen?

Gärten sind voller Leckereien! Eichhörnchen finden dort zum Beispiel Obst oder Vogelfutter.

Oft gibt es in der Stadt mehr, als die Eichhörnchen überhaupt fressen können.

Die Eichhörnchen graben kleine Löcher, um einen Vorrat an Nüssen und Samen darin zu verstecken.

Wenn sie im Winter einmal weniger Nahrung finden, können sie davon satt werden.

Welche Gefahren lauern für Eichhörnchen in der Stadt?

Graue Eichhörnchen können mit ihren scharfen Zähnen großen Schaden anrichten.

Manchmal beschädigen sie Gebäude oder reißen **Rinde** von den Bäumen ab.

Viele graue Eichhörnchen werden von Menschen eingefangen, damit sie nichts kaputtmachen.

An manchen Orten werden Eichhörnchen sogar gegessen.

Wann bekommen Eichhörnchen Junge?

Die meisten Eichhörnchen **paaren sich** zweimal im Jahr, im Mai und im Dezember.

Halte Ausschau nach Männchen, die einem Weibchen nachrennen. Sie machen viel Lärm!

Das Weibchen legt das Nest mit vielen weichen Materialien aus, zum Beispiel Moos, Gras, Papier oder **Dämmstoff**.

Es bekommt etwa drei bis vier Junge pro **Wurf**.

Warum sieht man die Jungen kaum?

Die Eichhörnchen-Mutter versorgt ihre Jungen im Nest.

Nach zwei Monaten spielen die Eichhörnchen zwar draußen, bleiben aber immer in der Nähe ihres Zuhauses.

Deswegen ist es nicht leicht, die Jungen der Eichhörnchen zu entdecken.

Nach drei Monaten verlassen sie schließlich ihre Familie und bauen eigene Nester.

Tipps zur Eichhörnchen-Suche

Achte auf Spuren, Geräusche oder Gerüche. Suche auch die Ferngläser im Buch. Mit all diesen Tipps kannst du auf Eichhörnchen-Suche gehen.

1. Halte Ausschau nach den Fußabdrücken der Eichhörnchen, am besten im Schlamm oder im Schnee. Ihre Vorderfüße haben vier Krallen und ihre Hinterfüße fünf.

2. Im Winter, wenn die Bäume keine Blätter mehr haben, kannst du vielleicht ein Eichhörnchen-Nest entdecken. Es ist ungefähr so groß wie ein Fußball.

3. Eichhörnchen hinterlassen nach dem Fressen angeknabberte Schalen oder Tannenzapfen unter den Bäumen.

4. Eichhörnchen machen verschiedene Geräusche. Wenn sie aufgeregt sind, kannst du z. B. ein schnalzendes „tschuk tschuk“ von ihnen hören.

Bilder-Lexikon

Dämmstoff
Material, das verwendet wird, damit es im Haus warm bleibt

Fressfeind
ein Tier, das ein anderes Tier fressen will

Knospe
eine Blüte entwickelt sich daraus

Kobel
das Nest des Eichhörnchens

Rinde
äußere Schicht eines Baums

sich paaren
wenn ein Männchen und ein Weibchen zusammen Junge bekommen

Wurf
mehrere Junge, die von demselben Weibchen geboren wurden

Erfahre noch mehr

Bücher

Das Eichhörnchen (Meine große Tierbibliothek), Stéphanie Ledu-Frattini (Thienemann-Esslinger, 2008)

Eichhörnchen entdecken: Unsere wilden Nachbarn, Birte Alber / Carsten Cording (tredition, 2013)

Internetseiten

http://www.kinder-tierlexikon.de/e/eichhoernchen.htm
Dieses Kinder-Lexikon verrät dir alles über Eichhörnchen.

http://www.eichhoernchen-schutz.de
Lerne, wie du kranken oder verletzten Eichhörnchen schnell helfen kannst.

Index

Bei den Fernglas-Symbolen im Buch bekommst du Tipps, wie du auf Eichhörnchensuche gehen kannst. So findest du diese Wildtiere auch in der Stadt.

Dieses Logo bietet Erstlesern, leseschwachen Kindern und Lehrern und Lehrerinnen online eine zusätzliche Hilfe zu diesem Buch.

Verwenden Sie dafür den Code auf **www.coronalesen.de**

54851